NO UN CUERPO

EOLAS
ediciones

NO UN CUERPO

Raquel Martínez Muñoz

A mis padres,
a su recuerdo

Hija, y nada más que hija, para siempre, mortalmente hija.

Angélica Liddell

Bebo pequeñas guirnaldas de luces
repaso a mi madre
y por hacerla eterna   venderé mi tierra
a la sordera de los pájaros

María Sotomayor

LA MER

Enterraron
a la niña boca abajo.
La dejaron allí meses   A
los animales de adentro
                       invocó.

En su porvenir lóbrego
                 (oscura   despacio)
tejió un vientre vacío,
con el hielo
del corazón de una urraca.

Solo ellas descendieron
a estrechar
su cuerpo roto:
«Confía
en la muerte de las flores   Confía
en que la rima reviente tus salmos»

(las flores, como labios apretados,
luego vaginas
abiertas al albor)

Hay acordes en sus rodillas de ama
de casa

Duchar
los huesos de un padre
con tules, raíces
(*ser piadosa*)
con perlas engarzadas y melocotones de enero

Tú,
la innombrable
ser rosal de zafiros pestañas cobalto

Yo,
que en tu energía trabajas
para zurcir la paz

comer a escondidas
abrir la grieta

       abrir
tu nombre hasta que seas
llama

exprimir
el vientre
de todas mis madres
su zumo
real

abrir

paloma de cuarzo
paloma de Dios

Visité la nave del sur para acariciar tu piedra.
Vi a José Hierro, no vi a ninguna Hija Ilustre.
Vi árboles que reventaban
tumbas.

En el cielo del mar,
sus manos caminaban selladas
y sujetaban la flor, que es puñal en mi pecho,
de plástico y sal.

—Sus manos selladas, su madre, su hijo, su sal.

Todas
dormimos en pequeñas vasijas
—O lechos de jazmín que son vientre.

Huesos dormidos hace tanto;
despertarán para ser fuego
en el fulgor de la alianza extraviada.

Los ojos se me diluyen por dentro, como dos
cascadas de dolor, hasta los hombros. Los
hombres crujen su sed, siembran
desiertos.

No veo el rosal, siento el rosal. Persigo
su exuberancia, su temblor tatuado en
mi pecho. Bordado al corazón con hilos
de oro.

Libre, mi soledad quema el río.

Es miércoles, mi carne tiembla
y, aún,
perdón no hubo.

Vacíame, vacíate hasta serte fiel.
Amarte es amar mis manos.

El agua son dos manos de un cuerpo
Se agarran a la tierra

                  para no caer

Como dos cuerpos de dos hombres, que
se aman con violencia
para no

        creer

              En la estrella de
sangre, roturada en un vientre con piel, que
se quiere vacía   Pleno

de hombres peces   salados lilas
limo

Ópalos verdes en su estrecho cauce,
pequeños dragones esmerilados,
vísceras mecidas
en un horno de barro de eternidad.

Estás cerrada,
como el pico de aquel pájaro que crujió.
Y los tuyos pían
al latir de mi sangre,
al latir de una mañana acurrucada en mis piernas.

Me esfuerzo
en este patio blanco
—pueblo de casitas de colores—,
en este coro de voces de macetas de colores,
de cactus que duermen para no herir.

Estás sucia y me gustas, pues has vivido
—suenan cuchillos—. Yo
sin embargo me esfuerzo,
mientras el agua de los grifos se desborda.

Oruga de cristal,
suspendida en tu verdad de cielo.

Serpientes que se agolpan en
la esquina de su caja de
cristal. Inmóviles niñas de
miedo; reptiles
quietos, infancia olvidada.

Cuerpos de lobos dormidos, al
fulgor de la piel, en
este otoño de riguroso
vacío. De piernas que
han olvidado caminar.

De llaves prendidas, padre,
a mi lince cabello;
umbral que esconde el temor
a puertas de ceniza,
a mares sin arar.

Con sangre en las rodillas
Como miel en un panal

Me levanté del cocodrilo
para desayunar mi infancia.
Mientras, el mar acunaba
rastrojos, cebollas y lirios
(me quería suya).
El pañuelo de la abuela
ondeaba al vientre
de un viento vacío.
Y regresé al huerto
(allí pude hundir mi rostro)
para apretar las rosas
para escurrir su seda.

Con sangre en los niños
Con miel en las manos

Dog Woman

Mujer lamió, al despertar,
su cintura apretada, sus narcisos,
lo voraz.

A sus pies, enterró
la caja de huesos
que fue su pecho al amar.

Se olió, se dio sepulcro.

Y una noche de eternas pestañas,
Perra dio a luz lo insensato:
una erguida espada dorada,
un gemir de hierro y amianto.

El suelo le concedió un baile violento:
para ella, tembló su carne,
para sí, latió la tierra.

El amor no se agrieta
si no se hierve

∞

una boca en flecha
un quemar el aire
un duelo de luz
un vaso
de miedo líquido

∞

Necesito
estar sola
              beber
mi propia
leche

La verdad de un cuerpo
es su relato.
Y este yace.

∞

Regar la higuera
con el calor de mi cama
cada día

∞

Sangrar luz en el rostro
la primera noche sin rosas
Echar de menos a un padre
al recordar su voz

MY OTHER

à mon seul désir [1]

abrir   tan lento
desprender mi entera boca
en tu larva simiente
        à mon seul désir
amamantar   despacio
la floresta blanca
que hilvana mis muslos
        tu ferviente sí

La profunda nave sacra
—hija
de un amor antiguo—
se ahogaba en un cielo de
tierra mojada,
húmedos vitrales,
camelias bocas, ardor de
fe, árbol
            de Jesé.

Y salieron vástagos de
ese tronco,
salió
mi espalda en mis manos,
tu pecho en mi cuello
en mi roca bestiario.
Salieron
rasos de culto fuentes
guirnaldas, dorsos
rogando
a un loto dorado.

La piedra sagrada
tornó raíz,
brotó vasija
y amó
            lo tanto.

El aire entre dedos
silueta esencia. El
vuelo perfila pluma,
enhebra carne. La
voz de motor es
estela tersa.

Higuera que portas
pies fieros, que hinchan
raíz en mi miedo, en mi
baile lento

(hoy, en la tierra rota,
también me encuentro).

La oquedad requiere
de manos para existir.
De higos de cuarzo criados
en tierras de pájaros muertos.

Soñar que me da
miedo la noche. Despertar
y ser la noche.

Salir de casa con la tripa
anudada
de cantos. Con un
amor que redondea cuerpos
e hincha aristas.

        Iba a ser un ángel
        pero Final no nació.

Ya en Bonaval
cochecito sin niño,
dormido de campanas de hiedra.
Recordar
un jabalí quemando la noche,
un aviso:

        El primer corazón
        brotó de una piedra.

Ponerle correa a un gato,
sacudirse. La hierba de la mañana
arropada de lágrimas; naricita mojada,
eres rocío en mis ojos.

A nuestra espalda, magnolios; arañas de nata.
Todo sucede todo el tiempo, aun la dulzura.

Potencia valle:
resuellan las montañas
de Peneda
(ladridos verdes).
Dos mastines cantan
en su abdomen capillas,
cosidas al ombligo
del *Anjo São Gabriel*.

      Tu esternón, sigilo en flor.

      Mis piernas, océanos.
Un cuerpo se arma
en la escalinata
de *Nossa Senhora*
(en su redondez,
más cerca de Dios).
Y una mochila pesada
puede cambiar una vida. Amor:

      en las palabras

      y en los cuerpos.

      Y el sol
cegando entre las púas de los peines.

Que mis ojos se posen en los tuyos
cuando los tuyos se posen en ti.

«**Los deseos nacen en la tierra**»:
de esto, hace diez años;
dentro, de confines.

Hoy en la mañana
briznas de hierba
lloran la vida. Mis
manos pían oscuras
en el cuenco de pájaros.
Y el corazón ata afilado
en el centro del templo.

Afilado; ser dichosa.
Alado; sernos leña.
Solo daño   si te aprieto.

Un duelo de dos,
un uno contra todo.

LA MÈRE

otoño
dolor
volumen
vértigo
Chus Pato

Cuánto amor (piel) cabe
en una rosa
(cuánta paciencia).
Cuántos mantones de espinas
sobre los hombros
de la noche.

Te admiro
(violenta prosa)
mientras una mujer suena
(contenida expresada)
batiendo
su propio eco.

Hoy la
herida vieja brota
(capullo denso), declama
plegaria al sol:
kunyara[2], mi agua adentro
kunzaya[2], llover
             ser
             dos

Duele el hombre
en mi cueva
de carne y agua
(en este mar arden huesos).
En las cenizas
del pesar
(que traen las algea)
me basta
un manantial de juego.
Botánica propia,
líquenes cercados,
adhesión a lo líquido.
En la música del cuerpo,
su conciencia
(húmedo tintineo,
teclas, espinas)
arde
de nuevo.

El baile cadera cimienta en lengua:
una niña de fuego se vierte en la cama

                                    para ser vista

Florecen azules sus piernas de broche.
Mareas vivas alcanzan la piel de su orina.
Ella, que nació en el mar   para ser vista

Amamantar
a una camada muerta.
Llorar por no ser
al sentir la gravedad de unos pendientes de madre
                                    (pendientes
                                      madriguera)

Escarbar
con la pala del cielo cipreses,
conejos de marfil, leones ansiosos, zanahorias
de carne.

Mi cabeza sabía que aquel perro
ladraba lejos.
En esta casa escucho
la intimidad del árbol
(huele
desnuda a metal).

Los muebles estaban llenos de leche,
todos enteros
llenos de leche. Chorreaban guirnaldas
las alacenas, madre rocío
embebiendo el hogar.

Y él, que no aguantaba estar muerto.

Una espalda que sí,
una espalda muy viva
cavando la nuca.

La pena que derramo...
cuando golpea, que se la lleven los
[vientos
y los cuidados.[3]

Visillos de nácar, serpiente invencible
—todo eso
fue ayer—. Hoy los ángeles diminutos
son barro, ansiosos
tornar solo tierra.

Empalagan las camelias, vomitando
rojas, las espinas
horadan el tracto.

Lo importante —aprendí— de lograr
enterrar el miembro:
Llenas de leche

soterrar. Volver
a la piedra,
al primer corazón.

Hizo falta un seísmo
para fracturar la piedra.
De la grieta manó
una sangre
                    inesperada.

Me empeñé

en alojar en mi cuerpo
cientos de huéspedes. En
sentir sus carnes
apretadas contras las mías,
cosidas   puñal e hilo.

Todos mis orificios se
emparedaron. Ángeles
bañáronse
en tacitas de fresas
(pensaba que así
el dolor se ahogaría, pero
la densidad no acompañó).

Se requirió arrojo
para irrumpir surcos, meandros.
Para detenerse firme
en mitad de la noche.

La madre   volando en mí
El pájaro   bajo la mar

Vi entonces
que no todas las semillas
florecen. Que
con cuarenta y dos, ella,
de tierra rosa sus manos. Que
hoy, de mi flor se incendia. Se
incendia
por fin   de sí.

Echar de menos,
No un cuerpo,
sino su recuerdo.

Regida por Mercurio

Todas esas vacas quietas dentro del mar. ¿Nadie va a salvarlas?

De sus pechos colgaban
cuajos   ocultos de leche.
Era ella
la madre de los tiempos, regida por
Mercurio, Nodo Sur donde   las estrategias de
                                           [supervivencia.

Era un pasillo de flores y azules silvestres. De
libros olvida, templanza ansía, de tetas   en cuerpos de
espera. Allí tu nombre fue, sonó
sué.

Y de los míos colgaban bocas,   bocas hambrientas
                                           [sin leche.
Prueba
de diagnóstico por imágenes.

Estalla de fósiles
el cráneo del mar   Derrama
sus poros   hasta que
                       granadas moren.

                              Revienta,   *las locas,*
                              cariño mío. Manosea

tus ojos hasta que   sean lluvia
y, obtén,   de las estrellas   el canto.
Amamanta
a ese zorrito   perdido, a esa libélula que endulza
                      [mazmorras

                              (*cuando llegues a la cima,*
                              cariño mío).

Aún recuerdo, insegura,   la piedra la pierna el musgo
                              [O Caurel.

Limpiaba   el parabrisas   la sangre
en aquel cristal de invierno.

Aún sombría
la sien del   alba.

Cerquei, cercache,
Cercámolo teu corpo, o meu, o teu,
Como si foran só un soio corpo.
Cercámolo na noite.

José Ángel Valente

Índice

Notas

Títulos de sección (*La mer, My Other, La mère*): En el prólogo de *Las nadas y las noches*, de María Auxiliadora Álvarez, a cargo de Julio Ortega: «Hélène Cixous ha escrito que la mujer recibe la palabra de la madre, y a esa voz responde dentro del lenguaje. En francés, nos recuerda, nombrar a la madre es nombrar al mar, mientras que en inglés es 'my other'».

[1] *À mon seul désir* (*Solo a mi deseo*) es uno de los tapices del ciclo *La Dame à la licorne* (*La dama y el unicornio*), expuesto en el Museo de Cluny en París. Pertenece al período medieval.

[2] *Kunyara*: original de Ruanda, deriva del verbo kunyaàra, que significa eyaculación femenina. *Kunzaya*: torrente líquido en la eyaculación de una mujer.

[3] Safo, *No creo poder tocar el cielo con las manos*, 2017, Random House.

Gracias a Esther Ramón y Eva Chinchilla,
por descender conmigo

© de los textos: Raquel Martínez Muñoz
© de la edición: EOLAS EDICIONES

Diagramación: contactovisual.es
Fotografía de portada: Aída Páez del Solar
ISBN: 978-84-10057-42-5
Deposito legal: LE 181-2024
Impreso en España - Printed in Spain